謝謝你的存在

thank you

林裕珍 著

曾晏詩 譯

暖心鼓勵推薦
（按照來稿順序排序）

我們都是不可或缺的存在

《謝謝你的存在》就好似「人生迷茫指引小百科」，從文字和圖像的描述中，道盡人生百態，充滿作者對生活觀察的細膩度和獨特見解。只要願意，我們都可能因為彼此，變得更好，成為不可或缺的存在。

人氣圖文創作者 米斯特 miisteros

你從來不是一個人

人生漫漫，由許多快樂與不快樂組成，願我們都在這本書的精美的圖文中，明白到一個道理，或許你可能是一個人，卻也從來不是一個人。

作家 P's

終究會遇見溫暖的人事物

用輕鬆的圖文描述了真實的日常，練習認真感受生活中大大小小的事，從中更加認識自己。即使生活經常遇到寂寞和疲憊的時刻，仍然會遇到帶來溫暖的人事物。：）

圖文作家 Luckylulu

前言

Chapter 1　有你作伴就很療癒

Chapter 2　我也想好好過日子，可是好難

Chapter 3 愛情好難

Chapter 4　猜不透的人際關係

Chapter 5 總有一天我也會見到彩虹

Chapter 1

有你作伴就
很療癒

我們都在成長

至今我都做了什麼呢？
我看著自己忍不住嘆氣，
時間不斷流逝，我卻毫無長進。
我只會不斷從過去發現更差勁的自己，
被過去的自己嚇到。

我們一直比過去進步，
一點一點地，
即使緩慢，卻仍在成長！

Keep Going~

記得彼此的模樣

哪怕只有一個人記得我，
人生就不算白活。
我會記得現在的你，
也請你記得現在的我。

以後我們會懷念，
並且不斷聊著我們此刻的模樣。

懷念當時各自燦爛的我們！

溫暖的人

既然在這個世界誕生，就想活得精采。
我曾想過：「怎樣才算活得精采呢？」
接著我問自己：
「我想在這個世界上成為什麼樣的人？
生活富足衣食無缺的人、眾所矚目的人、
大家崇拜的人，以及美麗優雅的人……」

但最重要的，是我希望人們看到我，
會說：「那個人帶給我正面的影響。」
我想成為擁有同理心，無論對方的傷痛或大或小，都能療癒他的人；
我想成為帶給大家溫暖和正能量的人，我想成為待人真摯的人。

我想活出如此
精采的人生。

你真的很有魅力

喝醉後，我們都忙著顧及彼此的自尊心。
可是你在我眼裡就是魅力四射，我能怎麼辦呢？
所以不管到哪裡去，你都不許自卑！

不管別人說什麼，你都是我既驕傲又可愛的小跟班。
你要一輩子黏在我身邊，
我這個做姊姊的，會一輩子罩你。

☆

我朋友的魅力是？

為了這一刻

人生彷彿不斷地考驗我，
藉各種苦難和逆境，
反覆地問我：
為什麼我要活著？
為什麼我要承受這些？

偶爾如沙漠的甘霖般
降臨的幸福瞬間，
就是這些問題的答案。

就是為了此刻，
我們才撐了下來。

我們下次再來吧

回憶會隨時光流逝而泛黃，抑或變得更加美麗。
連不好的記憶，也會隨時間讓人釋懷，
就像傷口癒合似的，讓人想：「日後也是個好經驗。」
即使再難忘的幸福回憶，太常講也會膩，
等到真正想念時，再回味吧。

因為心中珍藏著，
隨歲月流逝，更顯珍貴的回憶和記憶；
「下次再來吧」、「再去更好的地方吧」，
因為心中懷抱這些總有一天會兌現的承諾，
所以今天我才能熬過如此枯燥的日常。

☆

你有想再去一次的地方嗎？想和誰一起去呢？

療癒我的東西

屋漏偏逢連夜雨，事事不順，
人生似乎無時無刻都在水逆。

好不容易暴風雨過後，鬆了口氣，
又冒出「不知道又會遇到什麼事？」的想法，
讓人像卡住的石頭，動彈不得。

當我靜止不動時，任何安慰都沒用，
那些隨口的安慰，對我反而是種傷害。

若我歪著頭，瞪大眼睛看，
那麼眼前的一切都會歪歪斜斜的。
我必須改變我的視線，
若一直待在原地，只會讓我感到厭煩難受。

我必須奮力擺脫這個局面。
以前我看到悠哉的人，都會想：
「真好命，過得無憂無慮。」
但現在看起來，他們其實是在努力改變生活，
人唯有奮力一搏，才能為自己爭取幸福。

這週過得如何？

深聊的夥伴

不需聊廢話，就閉嘴；
不需浪費心力，就關上心房。

今天重複著昨天，明天重複著今天，
如此反覆的日常，只要見到你，尷尬也只是暫時。
這段期間我想和你說的話，
都如行雲流水般地傾洩而出。
讓原本堵住的心口，砰地瞬間暢通。

這時我才明白，
原來我一點也不好。
我需要將封死的心門砸爛，
和你暢聊一番，痛快釋放。

我珍貴的深聊夥伴！

☆

你有可以深聊的夥伴嗎？

即使只是把話說出來

我們常因為自尊心，還有以為自己已經長大，不該抱怨。
反正抱怨無法改變，搞不好對方還會瞧不起自己？
為了不讓對方同情自己，
所以我們漸漸習慣把難過的事往肚裡吞。

等到忍無可忍，心底話就像洩洪般爆發。
可是你沒有給我敷衍的建議或忠告，而是與我感同身受，
甚至還反過來謝謝我願意和你分享。
原來我之前的擔憂，成了我們之間的障礙。

我的心情好多了。
即使只是把話說出來。

安慰的時間

有些東西雖然看不到，卻騙不了人。
不管再怎麼演戲騙人，
眼神、表情、行為舉止、氣息也能傳達真心。

即使對方的安慰不夠成熟，
但只要他願意真心傾聽，
不帶任何偏見地看待真實的我，
就能給我安慰和力量。

這也是
我想見你的
原因啊。

你不必太逞強

重新站起來

人生近看是悲劇，
遠觀是喜劇。

偶爾站在遠處觀看吧。
若只是鑽牛角尖，癱坐在地，作繭自縛，
也不會有答案不是嗎？

乾脆哭一場、
笑一場，把一切甩開。

我喜歡手寫信

「不完美」總是容易吸引我。
或許因為人類不可能完美，才讓我覺得自在吧。
就像即使是我愛的人再怎麼有魅力、有成就，
他的身上若有一點瑕疵，我反而會覺得他更有魅力。

表面太完美，容易讓人手滑，
讓人更想在上面努力刻出凹凸不平的溝槽。
感覺更有誠意。

我喜歡用著歪斜的字體，
羞澀寫下的「我愛你」，
勝過修改到完美無缺的文章。
因為，有你的真心，所以我更愛。

☆

你有收過手寫信嗎？要不要自己先寫寫看呢？

我們一輩子的友情

「我們誰會先交到男朋友啊？」
「妳會先交到吧。」
「感覺她會先結婚喔？」
「誰先交男友，誰就是叛徒，要交大家一起交。」
「我們每件事都要一起做，結婚也同一天如何？」
「就算變成大嬸，我們也不能改變！」
「沒錯！不能改變！」

曾經喜歡想像未來的我們。
曾經好奇心比寂寞更多的我們。
曾經許下數萬個承諾，而且遵守約定的我們。
在我心裡，我們永遠沒變。

＃我們一輩子的友情

珍貴的單身朋友

「啊，我那天已經有約了，抱歉。」
「我先問問看，可能不行。」
「這次不行啦，下次再見吧。」

嘟嚕嚕嚕……
（正在約會，沒有回應）

雖然大日子我們都會聚在一起，
但是大家的身邊開始一一出現更重要的人，
我們也越來越難聚在一起。
也是，我想別人也一樣。
我沒事的。
因為我身邊有你。

我們自己玩吧！

走下去總有什麼吧

偶爾且戰且走，比定好目的地有意義。
有時候抵達夢寐以求的地方，
才發現原來和所期待的不同，
那麼為了達陣而辛苦的過程，
也會跟著失去意義，
徒留空虛和後悔。
不過，若你從未啟程，也無從得知不是嗎？

無論在哪裡，無論我是否滿足，
在前往的途中，我都要睜開雙眼，盡情感受。
雖然腳會痛，會很辛苦，但那等同於我的鍛鍊。

重要的是我正在路上。

#只要有你同行，我就開心得不得了

照我們的風格行事

每當我在意別人的視線，變得畏首畏尾時，
我就會想起「人生只有一次」這句話，
也是膽小的我需要鼓起勇氣時所說的咒語。

「人生只有一次」卻要看人臉色，豈不浪費人生？
大家都忙著過自己的人生，很快就會忘記我的存在，
就算忘不了我，一直記得我又怎樣呢？
有什麼關係，
只要我不給人造成困擾就好。

我開心就好，
我們開心就好。

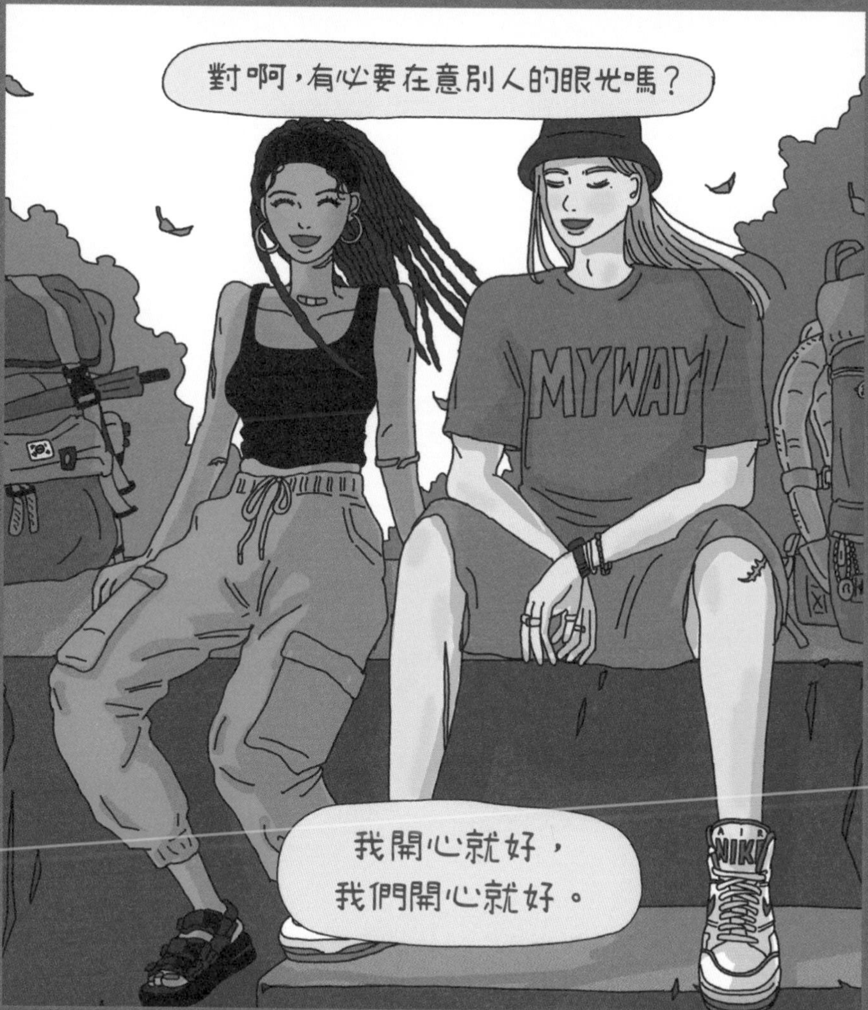
對啊，有必要在意別人的眼光嗎？
MYWAY
我開心就好，
我們開心就好。
AIR
NIKE

那間房間

第一次離家租屋，找到的是一間屋塔房。
當時押金不夠，只好和房東說好每個月分期繳完。
這是間得來不易，三坪多的房間。
只要打開房門，就能看到弘大的所有街景。
雖然冬冷夏熱，但優點是能近距離欣賞月亮。

我從打工的地方借來迷你投影機，
牆上的投影讓我們去了美國，甚至宇宙，還歷經愛情和離別。
雖然兩份打工總讓我們睡不飽，
但是我們三人穿梭彼此的家，一起同甘共苦。
我們也喊著不需要男人，耐著寂寞，
展開無限想像。
而且我們喜歡的音樂很像，容易被同一首歌洗腦，
還反覆聽了一整天呢。
有一天，我們還精心打扮出門，卻一無所獲地回來，
在房間裡笑了半天，笑到睡著。
雖然當時我們沒錢又狼狽，但是卻不煩惱明天，
也無所畏懼。
因為我們在彼此身邊。

We could go anywhere

家是最棒的

成天宅在家裡幹麼？應該多出門體驗啊。
多去嘗試，多看、多感受，
多接觸人群，才能讓自己成為更豐富的人啊。
但是，如同我把時間花在外在體驗，我也需要檢視內在的時間。
如同和他人相處，我也需要和自己相處。

在填滿我最喜歡的東西的寶貴空間裡充實我自己的時間。
單純只為了我自己，專注於我自己的時間。

那些時間對我來說很重要，
那些時間
才能創造真正的我。

#果然家是最棒的！

吃飽飯，繼續加油

大家都有這種時候不是嗎？

身心俱疲，想找人吐苦水，
不然撐不下去，又累又難過。
但又擔心對方是不是也一樣，要找他出來嗎？
會不會造成他的困擾？猶豫著是否該開口邀約。
如果你遇到這種時候，別擔心，隨時找我。
即使安慰不出一朵花，
也無法為你做些特別的事，
但還是可以和你一起吃頓好吃的。

讓我們大啖美食，大口喝酒，大笑一番吧。
讓想用淚水填滿的這一天，
變成充滿歡笑的回憶。

開始雖微不足道，但終能成就偉大

不知道是不是有點叛逆，原本打定今天不要喝太多，
可是卻比爛醉時喝得更多，為什麼呢？
真奇怪，超出計畫的事總讓人更興奮。
把義務壓在肩上的壓力和責任感都拋開吧。

跟著心中的想法，想怎麼樣就怎麼樣吧。
想笑就笑，
想唱歌就唱歌，
想搖擺身體就搖擺身體。

因為喝醉，我偶爾會做傻事，
你偶爾會讓人出乎意料，
沒想到我們會有這一面。
也因為這樣，我們越來越了解彼此，
累積關係的深度……

醉了

即使是悲慘到不行的酒局，也參雜人生的悲喜。
大家各自怨嘆人生，只能笑笑而已。

因為我們知道，
當朋友喝醉痛哭時，他心裡的傷有多深；
因為我們知道，
平常他裝作若無其事，其實都是在忍耐。
所以雖然我們會挖苦朋友借酒澆愁，
但我們還是會給他擁抱，
一直待在他的身邊。

保持二十歲的心

我們應該要運動。
我們應該要保持健康。
只為一個理由，
就是要玩！
總之，玩才是最開心的！

還有比這個
更好的理由嗎？

Chapter 2

我也想好好
過日子，
可是好難

SOS

我們必須逃離被汙染的世界。
外面充斥著暴力和厭惡。

小心，搞不好我們也會一起被汙化或吞噬。
我們必須打造一座高尚之島躲起來，
讓任何人都無法侵略。

然後發射求救訊號，
等待某人將我們帶往烏托邦。

在我自己築起的監獄裡等待。

幸福和不幸

我該怎麼做才能得到幸福？
「幸福」太渺茫⋯⋯
而且我很貪心，想得到的東西太多，
又把理想中的自己標準定得太高，
以至於「幸福」似乎離我很遙遠⋯⋯

說真的，即使我擁有了一切，
那份幸福的感覺也不持久吧？
畢竟人很快就習慣了。
還是努力阻止自己變得不幸吧。
什麼時候我會感到不幸和憂鬱呢？

和別人比較的時候，我就像跌入無底洞裡。
當我掀開不堪入目的自己時，我會傷害自己。
當我忘記感恩，就會開始自怨自艾、嫉妒別人。
以及當我拋棄希望，我便無限怠惰。

雖然每個人不幸的理由不盡相同，
但我們必須了解自己什麼時候會不幸，
因為那是讓自己得到幸福的第一步。

沒有比創作更開心的事

站在白色的圖畫紙前，
我總會遇到未知的悸動和痛苦。

當我滿意自己的成果，
就會開心得像擁有全世界；
可是當我過段時間再回來看，或是人們沒什麼反饋，
我就會覺得自己還不夠好，痛苦到無法承受。

即使如此，我還是喜歡滿足時嘗到的喜悅，
任何事物都無法和這份喜悅相比。
所以我停不下來，
只能繼續畫下去！

媽媽，對不起

「那是不會念書的小孩在搞的吧？」
「藝術？特別的人才念得起。」
「你沒有那個才能。」
「搞藝術吃得飽嗎？」
「做出來的都是漂亮的垃圾。」

為了反駁這些話，
除了成功之外，沒有別的答案。
然而奮鬥的過程中，創作的愉快消失，只剩一味埋頭苦幹，
最後連畫畫這件事也變得不再有趣。

我不能哭，我要快樂。
享受才是真正的贏家。
悲傷對我來說是奢侈。
我要加倍奉還，
向那些曾經批評我的所有人。

＃所以，快點站起來！

我還在尋找

我總是得不到滿足。
為了尋找比眼前的糖果更加甜蜜的東西，
我左顧右盼，總覺得就在某個地方。
我無法乖乖待在一個地方，心浮氣躁，
一直想往更好的地方移動。

這並非一切，
這不是結局，
我的人生，
一定還有更好的事物在等我。

放不下

把這東西放下應該會比較舒服，
應該會更加自由，
可是我怎麼就放不下呢？
即使放下，也仍有眷戀。
這是因為我沒自信
看著不斷遠離我的東西嗎？
是因為我以為只要緊抓到最後，就會有成果嗎？
還是明明不知道會有什麼成果，
只是因為不想後悔，
所以才如此執著嗎？

☆

你現在有什麼放不下的事物嗎？

停久了……

我想再三回味，倒帶重看，
想再多感受這個世界的某些事物。
是我太慢？還是大家太快呢？
我想是我太往心裡去了……

妄自菲薄

我是出生小國的東方女子，在小都市的平凡家庭中誕生，
身材和智商都平淡無奇。這就是我。
偌大的世界裡，我的立足之地僅腳印般大。
每當看到那些厲害的人做的事，
聽到那些精采的人的故事，
我也想跟他們一樣，
成為某人心中了不起的夢想。
有人說，即使沒那個本事，
只要掂掂自己有幾斤重，過著務實的生活就是一種幸福。
可是我好難受，是因為我的夢想太大了嗎？
我回頭審視自己，指責著自己。
其實我的夢想無罪，夢想就只是夢想，
它帶給我人生中的激昂。
彷彿夢想就是我，有時候洋洋得意，
當我想像我實現夢想的樣子，嘴角也會泛起微笑。

我告訴自己不要為沒能實現所有夢想而難過，
要愛那個還能做夢的自己。

目標太高

還可以啊

小時候我曾經非常自以為是地
看著別人的作品想：「他怎麼做成那樣？」
但是輪到自己動手，我腦袋中想像的完美藍圖，
在我的執行下，卻連一半的成果都達不到。
當時我領悟到，即使只是完成小小的成果也不容易。

在媒體浪潮的氾濫下，人們的眼光越來越高，
大家都拿著各自的標準評斷他人。
每個人都有發表的自由，也不能對他們說你們沒資格。
至今我仍覺得自己沒資格評價他人，
至少在我滿足自己以前。

我只能默默待在自己的位置上，發展屬於我自己的東西。

自虐

為什麼我這麼差勁？
因為我沒有努力到不吃不睡，累到骨架都散掉，
所以我只有這點能耐。

我認為原因只能怪自己不夠努力。
因為若是怪自己資質不夠，
怪自己運氣不好，
不就什麼事都做不了了？

我不能放棄。
我就是這麼愛自己又如此自虐。

你覺得這樣就夠了嗎？
這點努力
絕對不可能得到
你要的成果。
你看看別人……
你就這點能耐？
振作點吧！
SELF-HATRED

不幸擂台

以前大家聚在一起，
都會爭先恐後說著自己的委屈，遇到多辛苦的事，
像炫耀似的長篇大論，相互較勁。

說著自己有多不用功，考試考得有多差，
告白後被拒絕的故事，氣死人的打工經歷等等。

雖然哭笑不得，但也不是真心覺得自己有多不幸。
畢竟來日方長，
那不是我們人生的全部，
我認為我們一定可以逆轉。

以後不會有這種競賽了。
如果還有，就是來真的了。
若沒有任何一方掉淚，就沒有下擂台的一天。

即使只是在家呼吸

出門就會花錢。
外面很危險，待在家就好。
可是為什麼我自行居家隔離，存摺裡的錢
還是一直往外流？難道一開始我就不是錢的主人？

應該拋棄享樂，為了未來開始儲蓄。
可是該從哪裡開始存，該存多少錢才夠？
看著自己賺的錢，一點頭緒也沒有。

為了生存的消費，和符合消費的生活水平。
人生沒累積到經驗值，只能在家累積收據。
我究竟為了什麼而活？
我又該為了什麼而活？

你為了
什麼而活呢？

我要在哪裡生活呢？

我已經很難重溫當初熬過考試院的日子，
然後搬進三坪大屋塔房時的感覺了。

現在大家稱我為「作家」，算是兒時的夢想成真。
大家也喜歡我畫的畫，
我也在寫自己的書，
可是為什麼和別人一樣住在平凡的房子裡過平凡的生活這麼難？

瘋狂上漲的房價怎麼就沒打算下來呢？
冥頑不靈的老人們總說，
「夢想能當飯吃嗎？平凡安定的生活最好。」
這話可能是他們在這無可救藥的世界中打滾的經驗談吧。

究竟⋯⋯
以後我要在哪裡生活呢？

錢錢錢

如果想在用錢就可以買到一切的資本主義社會中成功，
就必須計較我的夢想可以賺多少錢。

必須焦點擺在該怎麼賺錢，
對錢的潮流敏感，往那個方向前進，
無論是哪個領域，為了活下來只能如此。

光憑愛著某個人的決心是不夠的，
為了守護那份愛，就需要錢。
如果沒有錢，也無法輕易談愛。
因此我們不能怨恨金錢。
錢啊～～～
我會全心全意愛你，投入我的懷裡吧！

貧窮不是罪

貧窮的基準越來越高，
從居住的社區，到公寓品牌、名牌服飾、進口車……
就連交朋友，都要先判斷對方是否與自己門當戶對。

這個社會稱讚有錢人有教養，所以做事不疾不徐；
責怪窮人，總是倉皇莽撞，一看就覺得沒教養。
或許這話也沒錯，
但何必把這種偏見套用在孩子身上呢？
他們又不能選擇自己的出身。

如果貧窮，我們應該對抗的不只是沒錢導致的不公不義，
還有帶著這種偏見的社會環境。

從容面對吧

人們總說要學習
有錢人悠閒的心態和生活風格。

即使沒錢，也不要戰戰兢兢，一副如履薄冰。
必須正面思考，看起來從容不迫，
才會朝氣蓬勃，遇事都能迎刃而解。

因此我們必須努力工作，
把小錢一點一點地存下來，
假裝像有錢人一樣從容自在，
並看準時機，抓住眼前的好機會。
重要的是不可以自怨自艾，
因為這樣會讓福氣跑掉。
這可是我們的生存之道。

病人

生病讓我覺得自己正在消失。
病人就像微不足道的存在，
只是為了活下來，
只是為了讓身體不再病痛。
我心裡的一切喜好、想法、夢想和未來，
都變得無關重要。
對我來說最難受的不是削骨、割肉，
也不是令人窒息的痛楚、必須仰賴止痛劑的痛苦，
而是不知道這個狀態會不會持續一輩子的恐懼。
這種破壞自我的感覺，
比任何苦痛都還要來得折磨我。

最近罹癌的病人
有年輕化的趨勢。

果然……

我走在流行的最前端啊。

我可是潮流的先鋒

☆衰爆☆

得的還是最稀有的癌症

終於到了……

雖然這不是我想要的。

去大醫院會看到

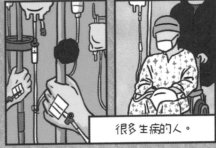

很多生病的人。

幾年前，我運氣很差。

突然被宣告得了癌症，

於是開刀把不好的地方

喀 嚓

全都切除，

然後獲得了

重生的機會。

這個故事收錄在我的前作《想做什麼就去做吧》！

雖然我希望生病到此為止，

我終於出院了！

○○○先生～請進～

但卻是另一個開始。

為了維持健康，

我必須不斷努力。

雖然我也嘗過刺骨般的疼痛，

注入

但至今小小的針頭還是

讓我感到可怕又疼痛。

醫院也有很多老人家。

偶爾他們對年紀尚輕的我，投以好奇的眼光。

聽說最近的年輕人也是很多病捏。

唉唉，怎麼辦？

我朋友誰誰誰的孫子也是~

怎麼會這樣呢~

就是阿。

我這個年紀

怎麼會在這裡

坐著等看病呢？

朋友把錢花在

旅行

車

名牌

房子

這些地方的時候，

我卻花在身體上……

嘰

嘰

為了維持身體健康……

因為生病

感到愧疚，

因為覺得生病是自己的錯

而感到抱歉，

當我在醫院，聚攏了這些負面情緒。

然而這些小生命
努力的求生意志，

卻讓我為心中躁動
的埋怨和委屈，

感到無比慚愧。

我知道並非所有祈禱都會得到應許，
但我的內心深處仍迫切地祈禱再祈禱，
希望我們都別生病，
希望我們都健健康康。

為了不被打倒而逞強

人生在世，常常毫無來由，只是因為運氣差，
便發生突如其來、出乎意料的壞事。
面對各種意外，我們經常毫無準備，
並且認為這些事都是我們自找的。

會不會給身邊的人添麻煩呢？
勉強自己假裝看起來開朗。
因為會發生這些事都是自己運氣太差，
不能把別人也拉進這渾水裡，
自己的事，自己苦就好。
自己承受就好……

身邊的人對我說：
「你真堅強。」
對啊，或許不知不覺間我真的變堅強了。
當我使盡全身力氣讓自己屹立不搖，或許我就變堅強了。

不好也沒關係

人在遭逢大事時，反而更加冷靜。
出事的人會在意身邊的目光，
即使痛苦，也會笑；即使辛苦，也會裝作朝氣蓬勃，
卻不知道自己逐漸潰爛成泥。

如此假裝若無其事地
過著忙碌的生活，
到最後即使是綠豆芝麻般的小事，
也會讓壓抑的情感像洪水暴漲般潰堤。

其實我一點也不好，
我不需要靠騙自己來假裝沒事。
就算軟弱也沒關係，就算哭也沒關係，
即使我不好，我也還是那個我。

不好也沒關係

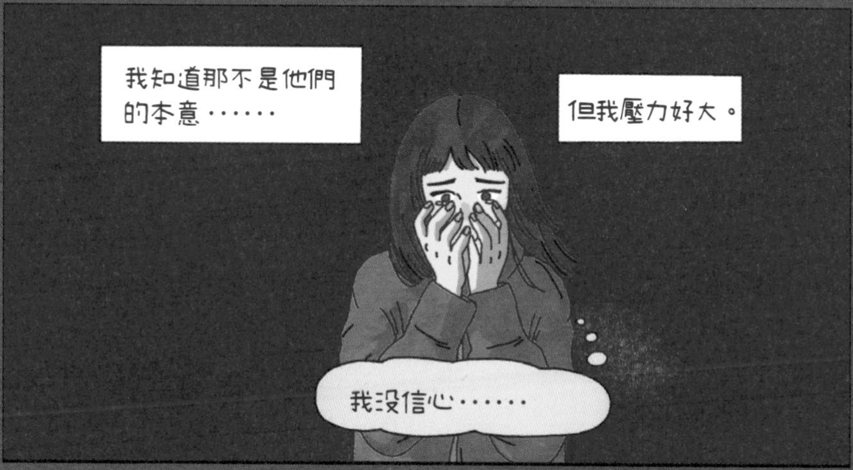
我知道那不是他們的本意……
但我壓力好大。
我沒信心……

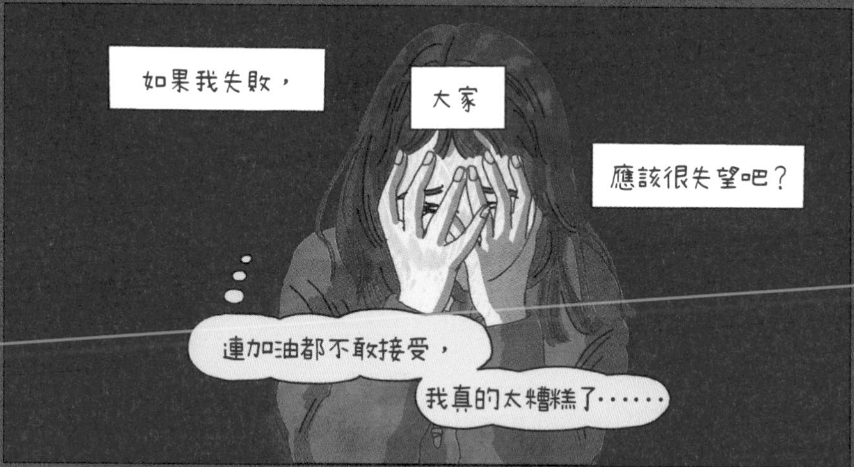
如果我失敗，
大家
應該很失望吧？
連加油都不敢接受，
我真的太糟糕了……

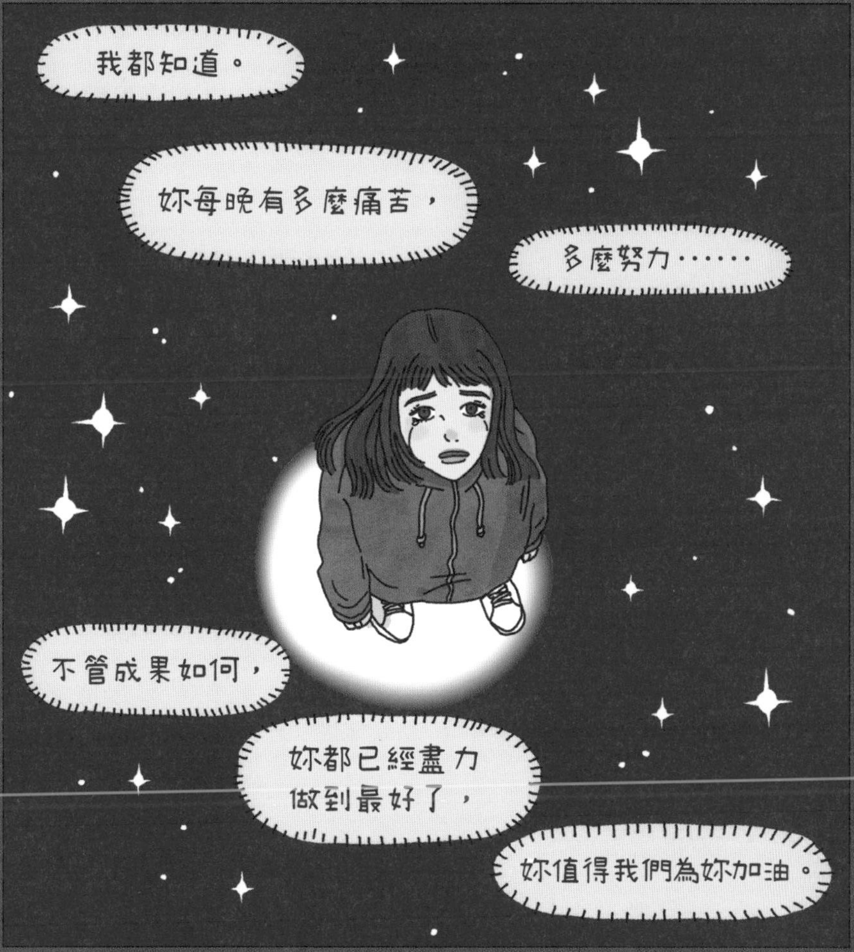
我都知道。
妳每晚有多麼痛苦，
多麼努力……
不管成果如何，
妳都已經盡力
做到最好了，
妳值得我們為妳加油。

Chapter 3

愛情好難

牛郎與織女

牛郎與織女因為愛情而怠惰，為了讓他們專注於工作，
七月七日，是兩人一年當中，
僅能相見一次的日子。

一無所有的我們，
口袋不夠深就無法戀愛的我們，
或許早就從民間故事學到，
愛情與麵包難以兼得這件事。

因此每年七夕，淚水總是從天而降。

吃虧的是他

真是好笑到我都要哭了，真是……
　　該哭的人是他，好嗎？
　　居然錯過我這樣的女人。

　　我的前途有多光明？
以後我一定會成為有能力又有魅力的女人。

　　大家會想搶著跟我當朋友，
　　搶著把我介紹出去。

　　因為認識我而自豪，
　　和我當朋友的人會一直炫耀我。
　　你竟敢甩掉我……

明明我可以讓你成為最幸福的人……
　　好無言，好好笑。
太太太好笑了，好笑到我都落淚了。

消磨感情

從交往到分手，
喜歡的情感漸漸冷卻。

以前我的眼裡只有他的優點，現在只剩缺點；
過去我們之間只有悸動和幸福，
現在則是對彼此的失望和互相傷害。
如此反覆的過程中，
我的心上也多了一條條傷痕。

心牆也一點一點變高，
我也已經厭煩過去
沉浸於感情起伏中的自己。

或許繼續保持現在內心的平靜也好？
或許我在等能包容這樣的我的人出現？

不喜歡我的人

以前我會如此。
明明知道這份愛不行，
明明知道這個人不行，
一顆心還是無可自拔地向著他。

現在我的身心都大徹大悟了嗎？
了解到，即使他不是真心喜歡我，
我還是單方面喜歡他是件辛苦的事⋯⋯

這是單戀後遺症嗎？
我出現了一個保護自己的防禦機制。
變成「哼！討厭我的人我也討厭！」。
我已經累了，不想喜歡一個人到傷害自己。
我想要喜歡我的人，
雖然我未必會喜歡喜歡我的人。

我的初戀是單戀

看著你和別人相親相愛
走在一起的背影，
是我唯一能做的事。
現在我所站的地方，應該就是我的位置。
即使我明白，卻還是難以接受。

我忍不住將過去
你我交談的對話，你的語氣和眼神，
以及我們肢體上的接觸，想成我們是特別關係的證據。

我們真的什麼都不是嗎？
對你來說，我算什麼呢？
我氣的是我甚至連你和別人一起走遠的背影
都會不捨，不捨到想你。
因為我第一次有這種感覺……

#因為這是我第一次單戀

單戀專家

朋友：你喜歡他對吧？

我：咦？你怎麼知道？

朋友：你不是說你喜歡一個人很明顯嗎？你什麼時候開始喜歡他的啊？

我：不知道，其實我也還不知道我是不是真的會一直喜歡他、想他。
看他、在意他，這樣就是喜歡嗎？

朋友：這不就是喜歡嗎？告白啦！

我：不行啦！我沒有告白過。
如果我喜歡一個人，在他面前一定會全身僵硬不敢說話，
不然就是故作冷漠，
包袱超重，無法放鬆，也無法和對方熟起來。
要是我突然告白，一定會被甩，所以我不可能告白。
我總是自己默默喜歡人家，一個人心痛，最後自己結束戀情。
這種單戀我已經經歷三次了，可能到死我都只能單戀別人吧。
我都成單戀專家了，怎麼辦？

朋友：感覺你需要鼓起勇氣吧。

當我們越喜歡對方

越來越快了。
載入的速度、互傳訊息的速度、
開始的速度、結束的速度，
都越來越快了。
明明我們相處起來是這麼輕鬆自在，
可我的心為什麼至今還如此
沉重不安呢？
為什麼無法瀟灑以對呢？
只要適度地放過一些細節，
適當地遵守彼此的界線就好，
可是我的心卻不斷越線。

為什麼一直提起他？

喜歡的自我察覺階段

1. 待在同一個空間裡，一直看向他。
2. 靠太近時，會不自覺感到緊張。
3. 會不斷回想和他對話的幾句話。
4. 一直想到他。
5. 想把我的想法告訴某個人。
6. 一說出口就覺得不妙，想急著否認。
7. 朋友一下子就看穿我的心思，不斷追問。
8. 雖然我否認，但還是想繼續說我的感覺。
9. 從某瞬間起，我一直在說「他」的事。
10. 最後，喜歡這件事便浮上檯面。

有沒有一個人讓你不斷提起呢？

比賽誰先發現

大一的時候我第一次參加聯誼，地點在新村。
原本我們玩得正開心，可是我們這邊的主揪學姊跑來，
還瀟灑地幫我們結了帳。
這位學姊和男生那邊的主辦人邊笑邊聊天，
不過幾分鐘的時間，我們全都察覺到：
「那個男生喜歡學姊啊。」

他看著學姊的眼神太過閃閃發光，
目擊如此清晰的感情流露，讓我酒都醒了。
為什麼別人喜歡一個人，看起來這麼明顯呢？
我和他變熟之後，曾問過他，他說他很完美地隱藏自己的感情。

那位學姊也完全沒察覺他喜歡自己，
所以兩個人似乎很難進一步。
沒想到當自己成了當事人，反而猜不透對方真心，
總是彼此試探來試探去。
裝作沒那麼喜歡對方，沒那麼關注對方，
比賽誰的心意會先被看穿。

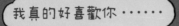

我真的好喜歡你……

可是我無法告白。

我怕我們連朋友都當不成。

友達以上

要是告白之後，連本來的關係都毀了怎麼辦？
或許像這樣一直做朋友，還比較好。
可是，看著你的每個瞬間，我的心臟就怦怦怦地狂跳，
所以我一直壓抑不小心就可能脫口而出的真心。

對你來說，我真的沒機會嗎？
對你來說，我只是朋友嗎？
這樣下去，若是你喜歡上別人，
我該怎麼辦呢？
我真的不知道該怎麼辦才好。

只要和你在一起

當我和施展愛情魔法的你在一起，
即使不舒服，還是覺得開心。
陰雨綿綿的天氣也突然看起來別有韻致。
是因為賀爾蒙嗎？還是因為安多酚呢？
連寒冷的天氣都因你而溫暖。

即使事情再麻煩，只要和你在一起，
做起來也不怎麼辛苦。
這些辛苦事彷彿都會成為回憶。
和你在一起的話，
時間一眼瞬間。

很怪吧？只要和你在一起，就怪事不斷。
我總是做出不像我的舉動。
即使是我做不到的事，我也會想努力做到。

因為想為你刻意表現，
因為想為你成為更好的人。

太聊得來了

可以一起討論的話題

人生電影 ～～～～～～　　　理由 ～～～～～～
人生書籍 ～～～～～～　　　理由 ～～～～～～
人生觀 ～～～～～～　　　理由 ～～～～～～
理想型 ～～～～～～　　　理由 ～～～～～～

喜歡的地點 ～～～～～～　　　理由 ～～～～～～
喜歡的音樂 ～～～～～～　　　理由 ～～～～～～
喜歡的食物 ～～～～～～　　　理由 ～～～～～～
喜歡的運動 ～～～～～～　　　理由 ～～～～～～
喜歡的品牌 ～～～～～～　　　理由 ～～～～～～

關於我的個性 ～～～～～～～～～～～～～～～～
關於我的魅力 ～～～～～～～～～～～～～～～～
關於我的規則 ～～～～～～～～～～～～～～～～
關於我的悲傷 ～～～～～～～～～～～～～～～～
關於我的未來 ～～～～～～～～～～～～～～～～

第一片海

去過的地方，
做過的事，
只要和你一起，都變得不一樣。
多了新的意義而重生。
我們日後的每個新嘗試，
對我來說，都是我們專屬的珍貴初體驗。

漸漸相似的我們

我喜歡你。
我喜歡你完成的事物。
我喜歡你喜歡的東西。
你做的一切看起來都好棒。
我變得想模仿你。
模仿我的你，
模仿你的我，
漸漸相似的我們。

特別的瞬間

我已經厭煩毫無亮點的日常，
渴望過著如電影主角般的人生。
只要長大、只要以後賺大錢、只要成功……
我就要活出精采突出的人生。
但我的夢想似乎不會成真，
我的人生沒有顯著的改變，
只是停在想像而已。
正當我感到一片空虛，你出現了。
只要我感到自責和難受，
你就會對我說，我很棒。
只要看到你的微笑和充滿愛意凝視我的眼神，
我彷彿成為特別的人。

無論我們去哪裡，那裡就像電影的一個場景般特別。
街上流瀉的音樂就宛若我們的背景音樂。

你將我塑造成主角，
我將你塑造成主角。

今天過得好嗎？

即使我們分隔兩地，不能時常見面，
你仍每天問我過得好不好，體貼地觀察我的心情。
若我流露憂鬱的氣氛，
你會適時地撒嬌，引導我將煩惱說出來。
真心與我感同身受的平穩聲音，
問我痛不痛快的開朗笑聲，
聊到尾聲，你對我說今天辛苦了，撫慰我的內心。
睡前，也不忘對我說聲我愛你。

即使身在遠方也懂得顧慮我感受的人，
始終如一帶給我安全感的人，
因為這樣的你，所以讓我不得不愛。

激烈爭執又相愛的無限循環

Ｑ.為什麼你們吵成那樣？

男：不知道。唉……我覺得我們打從一開始就不適合。

女：什麼？你現在是說我們不適合嗎？

男：不是，妳先把我的話聽完。

女：你不就是那個意思嗎？我還需要把話聽完嗎？

男：妳就是這樣！這樣我們能不吵架嗎？

Ｑ.（汗）那你們吵成這樣，為什麼還是繼續交往啊？

女：不知道。如果吵架，真的會很氣，可是分開又會想念對方。

男：怎麼回事？妳居然跟我的想法一樣。

女：不知道啦。

男：是我錯了啦。我以後真的會好好表現，我們不要吵架了啦。

女：不是啦，是我比較過分。我以後也會好好表現。

男：我愛妳 ♥

女：我也愛你 ♥

如果我們分手

分手時，需要浮誇的安慰

我們又復合了

朋友打來的求救電話！
從她顫抖的聲音聽來，我偵測到離別的訊號，
心想：「今天又是個漫漫長夜呢。」
我將她請到有酒水的地方，因為酒能溫柔地安撫她。
而且這裡播的音樂要有點音量，因為她可能會大哭，
讓我們成為眾所矚目的焦點。

在酒精一杯、兩杯地浸潤下，
我們一起將她前男友罵得體無完膚。
不過要小心，隔天他們又會以情侶之姿回歸，讓人雞皮疙瘩掉滿地！
但這不就是朋友嗎？（啾咪）

我們的愛變了嗎？

不愛了

我們已經很久沒面對面看著彼此。
沒見面的時候，電話和簡訊
只不過是一種義務。

「我們什麼時候見面？」
「當然要約啊⋯⋯」
可是藉口卻一堆，
找著我們無法見面的理由。
其實理由只有一個，就是

「不愛了。」

阻止我

如果你問我打給他要說什麼，
我不知道，我只是想聽聽他的聲音。
沒聽到他的聲音，讓我生不如死，
只剩過去的美好時光在我腦中不斷回放。
明明一開始也沒有不好，
為什麼我們最後卻只能這樣結束？
我們無法再回頭了嗎？
我們的關係無法修復了嗎？
若我說這些，朋友就說：
「你要見他，就不用見我了！」

過了今晚，我會好起來吧？
總有一天我會忘掉他吧？
漸漸地，我不會再牽掛了吧？
告訴我，一定會的。
阻止我。

我曾相信我的選擇

我不孤單

年紀越大，
累積的分手數
也越來越多，
漸漸也越計較條件。
因為這樣，和他交往很累，
因為那樣，所以我不喜歡……
於是，我總是一個人……
才不，明明我就有這麼多有趣的東西。

我才不孤單！

只要有你在

即使歲月不饒人，

我們的臉上出現皺紋，

腰也都挺不直了，

白頭髮也長出來了，

力氣也不如從前了。

但是只要你在我身邊，

我就會幸福。

愛上你的那一刻

愛上你那一刻的
悸動、
澎湃，
我一輩子，
直到生命終止那刻
都忘不了。

Chapter 4

猜不透的
人際關係

myself

嗯，和我相同的人。　　和我品味相同、　　　想法相同、

感性相同、　　　　煩惱相同、　　　　　個性相同

⋯⋯⋯的人，這樣的人

一定能百分之百地理解我。

到底為什麼……

我這麼想被理解？

面具

有一個詞彙叫做「我的人」。
成為「我的人」的契機是什麼時候呢？
可能是和我一起度過快樂時光的時候，
或是當我處境困難幫助我的時候。
可能有好幾種情況，但我覺得，
是我拿下面具，顯露真面目的時候，
或是對方也和我一起拿下面具，彼此坦誠相見的時候。

當我們都認識了彼此未經粉飾，
醜陋又黑暗的一面的時候。

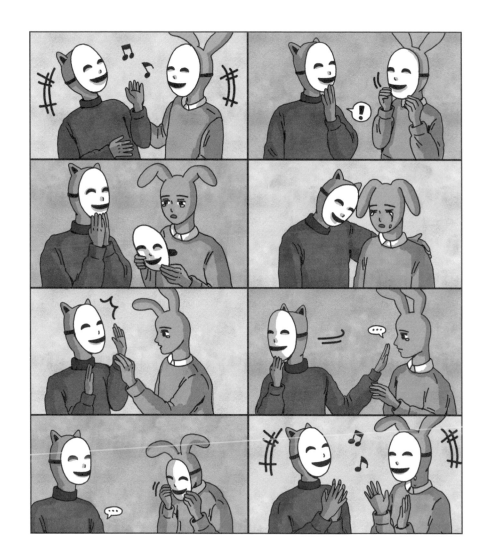

不用在意形象

這世界上有很多人汲汲營營
想將自己了不起的一面展現出來。
為了盡可能看起來光鮮亮麗，
打扮又打扮，包裝又包裝。

能夠不在意形象，
或接受我原本樣子的人，
就像沙漠中的綠洲。

和你們在一起，讓我感到自在的朋友們，
有你們在我身邊，真是太好了。

好的傾聽者

即使常說自己事的人，
有些事也需要勇氣才說得出來。
對方會怎麼想呢？
他會不會對我感到失望呢？
要是我說了不該說的，讓關係變尷尬怎麼辦？
於是我們不斷劃去話題，築起溝通的高牆。

不太說自己事的人更是如此，
總是待在用磚塊築起的堅固城牆內，將自己的真面目隱藏，
探頭望著城外。

或許他只是在等，
等待那個爬上高聳城牆的人也說不定。

等那個人爬上來，敲打城牆上的窗，
期待他對自己說：
「無論什麼時候，等到你願意說就開門，
我會一直待在城下等你。」

新學期

我覺得當我離開人群一個人待著的時候，
比我被許多人包圍的時候，
還要更吸引人注意。

即便我一個人，毫無存在感，
但我卻小心注意著自己的舉手投足，
就像有人盯著我的一舉一動一樣。
反而當我真的大聲喧鬧時，
根本就不在意有沒有人在看我。

聽說某個行為成為習慣後，就會變成個性。
明明我的個性不是這樣的，
只是這個空間裡還沒出現和我合得來的人而已……
我只是還未遇見他而已……
真希望和我臭味相投的人能快點出現……

炒氣氛用

在學校，團體生活是基本條件，大家都需具備融入團體的能力。

因為班上同學的個性太多元，所以也會有和我不合的人，

尤其是說話不經大腦的那些同學。

那些無腦的話在彼此變熟後，

可以當作炫耀我們是莫逆之交的工具，

但若是我們一點也不熟，卻使用具攻擊性的語氣，

聽在耳裡就像被輕蔑般不舒服。

一開始，我想：「他說這些話是因為我們很熟嗎？」

等我搞清楚後，才知道他們是在用那些話來劃分階級，

企圖用那些話來主導氣氛，讓別人追隨自己。

若只有我們獨處，我一定會跟他說：「請不要亂說話！」

可是當大家一起嘻笑附和，為了不破壞氣氛只能忍氣吞聲。

最後只能氣自己太孬，然後暗自決定：

下次我絕對
不會就這樣算了！

平常心

我希望所有人都愛我，
我希望不要有人討厭我，
我希望我和大家的關係都如我所願，
我希望這些想法都不要改變。

現在我終於知道，
「希望怎樣」
就是讓它自由發展。

當我們開始執著，即使本來喜歡，
也會變成折磨，
變成一種侵蝕，
讓人感到孤單。
畢竟這一切非人能隨心所欲，
我們必須承認。

Space-clearing

你無法滿足所有人

偶爾我會聽到人家跟我說：
「你改改這點吧」「我不懂吔，你幹麼那樣？」
把我當成奇怪的人來看。
雖然講話沒禮貌是個問題，
但是很難不在心裡評價一個人。

因為不可能每個人都合得來或包容彼此，
即使有些事我能接受，但某些時候還是得放棄。
每個人都活在自己設下的界線裡，
在地球另一面，我們從未去過的世界，我們的常識只能是異端。

或許時間投資在和我差不多的人，
和能夠包容我缺點的人反而更有價值。
如果我不是真的想讓那個人喜歡我，
那我又有什麼理由讓所有人都喜歡我呢？

我一點也不酷

這是乖小孩的自卑之心，因為想當個「體貼的人」，
所以即使被別人的話傷到，我都嘻嘻哈哈裝沒事，
但心裡仍耿耿於懷，覺得難過。真討厭這樣的自己。
於是我問了說話直接、個性果斷的朋友。
「要怎麼做才能像你一樣有話直說啊？我好想跟你一樣。」
朋友的回答讓我有些驚訝。
「其實我說完都會想很多，也會後悔，
在意別人會不會覺得我難相處、很可怕。
反而我才羨慕你，可以輕易和大家接觸、打成一片。」
「你也這樣做不就好了嗎？」
「我沒那個勇氣，我怕被拒絕。」

我還以為他根本不在意別人，但是看他煩惱的樣子，
反而讓我以另一種形式獲得安慰。
於是心裡輕鬆不少的我笑著對朋友說：
「鼓起勇氣吧！我不會拒絕你的。」

咦？這種感覺

小時候我總覺得我和自己所在的環境格格不入。
雖然我也不是多特立獨行，但我心中還是期待，
「會不會其他地方會有和我類似的人呢？」
這份期待變成了在其他地方重新開始的決心。

哪裡好呢？
看了一堆電視劇或電影，
一下子想去紐約，一下子想去倫敦⋯⋯
去了之後，我會變得不一樣嗎？

結果最後我能去的地方不過是弘大。
到現在我心中仍殘存那份讓我渴望和期待的感覺，
我仍想成為一個更不一樣的自己。

喜好一致

如果把畫好的圖上傳到 Instagram，就會有人來留言，
其中我喜歡看到的留言是「這完全是我的愛」。

從小接觸大眾文化，我培養出屬於自己的喜好，
雖然我找過人一起分享，但和我有共鳴的人卻不多。
我一直渴望能找到「同好」。

也就是說，即使是網路上，現在仍一直有人
對我用來表達思想碎片的圖和文字有所共鳴。
這對我來說意義非凡且珍貴，等同於我活下去的意義。
當我發現別人和我喜歡的東西一樣，
那一刻我彷彿憋氣憋了很久突然能夠喘氣！
有我還活著的感覺。

☆

我想遇到和我一樣有 _____ 喜好的人！

回憶更新

學生時期交的朋友都是偶然就變熟的。
可能是因為坐我旁邊、號碼在我前後、身高差不多等等。
每天上學都會見到面，做什麼事也都在一起，
也製造許多好笑的回憶和共同話題。
等到我們畢業後，各自出了社會，
因為工作不一樣，也都以不同的角色度日，
漸漸我們共同關心的話題，能聊的東西也變少了。
但即使如此，偶爾聚在一起喝酒、話當年，
彷彿回到過去一般，笑個不停，嬉鬧懷念。

雖然講不膩的都是小時候的事，
但是我們也需要有機會了解彼此的每一刻！
為了遙遠的十年後、二十年後，
我們要繼續更新可以用來話當年的回憶！

☆

寫下可以更新的話題！

~~~~~~

~~~~~~

只是隨口一說

背地裡中傷他人很有趣。
為了讓自己和他人產生共鳴，
為了讓自己有優越感，
為了藉由詆毀對方，來懲罰對方讓自己自慚形穢，
為了求關注，
隨便捏造事實，辱罵對方。

然而被那些話傷害的主角不知道自己為什麼被罵，
因而得憂鬱症，甚至放棄自己的人生。
於是說那些話的人又一副自己沒做錯事似的同情那些被罵的人。

有人會這麼說：
「如果不是事實，那抬頭挺胸澄清就好啦。」
在經歷相同事情之前，一切都是未知數。

那些不分青紅皂白就丟石頭的人，可能也會砸到自己。
這時候，對他說一模一樣的話：
「別在意，只是為了好玩才說的，
笑一笑就好，有什麼好難過的？」

傳聞

傳聞就像滾雪球一樣，會以難以想像的速度擴散。

最津津有味的傳聞就是男女關係了。

小時候認識的男孩曾對我說過，

他聽說我和別人是那種關係，大家都知道了。

這句話讓我們的關係破裂，再也無法挽回。

他真的不知道事實是什麼嗎？

會不會即使知道，他也不想澄清，

甚至討厭自己被捲入呢？

或許比起挺身而出對抗與事實無關的傳聞，

他更喜歡跟著氣氛走，享受指責別人所獲得的感覺吧。

對他們來說事實並不重要，

只是想要能放進嘴裡咀嚼的下酒菜罷了。

經驗主義

有些人喜歡下指導棋，說自己經驗豐富。
「我做了那個，不怎麼樣。這個一定要試試。」
雖然你的經驗有助於他人選擇，
但是這樣你就單方面認為一定也適合對方就錯了。
的確，你先走過的路，當然可以給點建議。
的確，這是你的一番好意，是為了對方好。

但是，才不呢！
你只是陶醉在自己的經歷，
你只是陶醉於你從周遭看來、聽來的經驗，
你只是陶醉在自己身經百戰的經驗，
所以才把人家也沒問的事拿出來說嘴不是嗎？

這些話你是真心為了別人好嗎？
建議你需要三思。
在別人詢問前就說出口的建議，只是老屁股的囉唆話，
簡單來說，就是這樣。

我也和你一樣珍貴

把不顧別人感受，
出言不遜的人說的話原封不動還給他，
那麼他或許會說：「你怎麼能那樣說話？」
明明他自己就對別人施加語言暴力，
還說自己受傷了，為自己抱屈。
如果遇到這種人該怎麼辦？

1. 無條件避開他。
2. 無條件避開他。
3. 即使避不開，也絕對不能靜靜地聽他的辱罵。

即使對方對我無禮，也不能連我都糟蹋我自己。
最重要的是我心裡怎麼想。
別人的想法也是先保護他自己，才能有閒暇管其他事，
所以我們更有義務要先保護自己的心不被亂刀揮砍，
這是世界上最重要的事了。
一定要保護自己的心，
不能讓任何人恣意對待。

嗯，我今天也過得不錯

當人處在悲傷的深淵時通常會有兩種情緒。

一是希望有人能察覺自己正陷入悲傷之中，

另一種則是不希望被別人發現這一面的防禦性情緒。

我的憂鬱會不會感染到你呢？

我不想糟蹋你的時間，

你會不會覺得我又憂鬱又黑暗呢？

我討厭這樣，我絕對說不出口。

可是你卻神不知鬼不覺地察覺到這一切，

問我：

「你還好嗎？」

愛的深度

看到那些溫馴順從的人，就讓我想到小狗。
小狗到底覺得哪裡好，老是跟在人身後，
搖晃著尾巴，渴望得到主人的關愛呢？
如果牠跟高傲的貓咪一樣，管好自己的領域就好了。
那麼就不會這麼常傷自尊心，弄得心上傷痕累累。

愛的大小和深度，施與受的人必須程度相當。
即使我覺得理所當然，對方卻可能覺得有壓力，
也可能覺得我付出得還不夠。
可以給的愛太多，
就需要接受容量夠大的人。
在這湧泉般的愛乾涸前。

人就是這樣

興奮地和人約好之後，到要見面前卻覺得壓力很大想取消。
等到真的見面，又因為太開心，把本來不想說的話，
不想全盤托出的心意，全都說出來、表達出來。
不斷讓自己越過心裡的那條線。

等到獨自踏上回家的路，心情卻感到奇怪。
獨處時，因為早已習慣孤單而不以為意，
可是總覺得哪裡不滿足、哪裡空虛。
尤其在和一群人玩樂過後更是如此。
明明自己比誰都玩得興奮，甚至覺得那樣的自己很難為情。
於是我下定決心：
「從現在起我要和平常一樣，不要參加聚會了。
我想趕快回到平靜的自己⋯⋯」

然後我又對一成不變的日子膩了，
為新約好的約會而興奮。

約定

雖然在關係裡計較優先順序很幼稚，但是偶爾會如此。
當我覺得對方不把和我的約會及聯繫看得與其他人一樣重要時。
任何時候，只要他聯絡我，我就會回應；
任何時候，只要他想見我，我就會見他；
這樣的關係只有我單方面付出才有可能。
當對方把我當成備胎的時候。

為什麼這個人想見我，我就隨時跟他見面呢？
啊……原來是因為我喜歡。
可是為什麼我想見他，卻無法隨時見到他呢？
啊……原來他沒那麼喜歡我。

我自己一個人下結論，準備離開。
因為我不想纏著他，給他壓力。
但是我卻老回頭看，
看當時他還重視我們的約定的時候……

讓我們更深入了解彼此

每個人都有自己想隱藏起來的一面，
因為想盡量把自己好的一面呈現給對方。
也希望自己在某個人面前是完美的，
但實際上並不完美。
雖然看起來好像什麼都懂，但是不懂的事情也很多，
雖然看起來好像很開朗，但是也很常有黑暗的一面。
雖然好像很能幹，但是犯錯的頻率很高。
希望對方不要對這樣的自己感到失望。

可是我也一樣，
即使你不如我期待中的完美也沒關係。
我希望我們能彌補彼此不足的地方，
我希望我們能更加深入了解彼此。

我只是……對某個人將我看得一清二楚這件事……
感到很彆扭，覺得很不安……
絕對不是要把你推開。
因為我怕你……會對我感到失望。
我不會對妳失望。
因為我也不完美啊。

見到面就是開心

拿忙碌當藉口，

漸漸見面的次數少了，

漸漸回訊息的速度也慢了，

漸漸住的地方改變了，

漸漸越來越難見上一面，

於是我們也漸行漸遠了。

結果，明明見面就能解決的問題，卻讓我們產生誤會，

對彼此的不滿越積越深。

可是真的見到面，一切又沒事了，一切都沒事。

因此如果想要維繫彼此的關係就要見面。

把自尊心放下，先聯絡對方，

或把時間硬擠出來和對方見面……

任何關係的維持都不簡單，

現在正維持得不錯的這份關係，

或許也是因為某一方的努力也說不定。

過去說的那些未來

因為想做的事很多，夢想也很多，
但是我沒那麼想獨自完成。
我想和跟我心有靈犀的朋友一起執行。
即使買不起一棟房子，也能租個小小的房間當作基地，
我希望我們能有這樣的空間孵化我們的夢想，
希望我們的關係也能成長到和我們的夢想一般大。

有些朋友斷了聯絡，
現在也很難有共同的時間聚在一起。
雖然這一切都成了一場夢，
不過，
也還不錯啦。
至少還留下這份情感能回味，
還留下了回憶，
和當時曾一起做夢的我們。

我之於你

我之於你是什麼樣的人，
你之於我，是 _____
的人。

媽媽

我們一直都在

奶奶

即使我明明是晚輩，奶奶卻總是

對我這個孫女說敬語。

今天奶奶也打來問我是不是整天坐著，

嗯嗯……

順利才賺錢呀。

工作賺不賺錢。

因為擔心才打電話給我。

奶奶每次都說一樣的話，

阿，正忙的說……

所以我也曾忽略奶奶的電話。

拿忙碌當藉口……

妳要去嗎？

下次再去吧。

拿奶奶家很遠當藉口……

但是當我再
打給她時，

奶奶

聽說奶奶突然
話說不清楚。

奶奶已經無法
接電話了。

然後，

我們的離別
來得好突然，

我以為我們
還有很多時間，

我還有很多東西
要讓奶奶看的說。

奶奶對不起，
我什麼都沒能為您做。

奶奶……我好想您。

最近難受的日子

學生時代我曾和朋友寫過交換日記。
就像寫日記一樣,記錄一天的經歷和當下的感受。
交換日記和自己寫日記的差別,
是能夠向朋友傾訴心裡話,所以更加有依賴感吧。
即使不再交換日記,我仍會習慣性地產生衝動,
在特別難受的日子,像寫日記般,
把今天發生的事嘰哩呱啦地告訴朋友。
然而,現在你已不再想起我了。

酒後吐真言

我對我自己也不坦白。
當我喝醉，知道自己在想什麼後，
我把心裡的話
告訴我自己。

然後我聽著。
「嗯，原來這是你現在的想法啊。
原來你有那樣的想法和心情，
想要的是那個啊。」

我想了解全部的自己，
包含連我自己都不知道的我的無意識。

老朋友

喜歡獨處的人，

久了也會想見見誰。

因為我們無法一個人生活。

每個人都一樣，所以無可避免。

就像獨自困在單人房太久，會孤單到發瘋一樣。

「寂寞」這種情緒會強烈到讓人恐懼，

而我不會只感到恐懼，

因為雖然我害怕一個人，但那或許是另一個我吧。

這是我和真正的自己見面的時間，也是想讓我逃跑的時間。

這段時間一定會淨化我的。

我的老朋友，寂寞。

你一定會在我身邊留到最後。

你也會
感到寂寞嗎？

我最愛我自己

Chapter 5

總有一天
我也會
見到彩虹

還剩下大半呢

埋首於日常中，一看月曆，發現時間過得好快。
突然感覺什麼事都沒做到，
被後悔和忐忑籠罩。

但是把時間拿來後悔和不安也太浪費。
所以大家不要忙著耗費精神氣力，彌補已經流逝的光陰。
先想想該怎麼更充實地使用剩下的時間吧。

☆

在今年過完前一定要做到的事

~~~~~~

~~~~~~

~~~~~~

螞蟻和蟋蟀

現在還不是我享受的時候，
現在我的樣子不是完成式，
我必須比現在更好。
我不斷訓誡自己，把自己逼到懸崖邊。

看到成功的人，讓我覺得我必須比現在的自己更努力。
一天花十二小時坐在椅子上，
每天熬夜，把自己的身體操到噴鼻血。

感覺只要繼續工作，只要念書，總能做到什麼。
因為我沒什麼特殊才能，能付出的只有努力。
欣賞身邊的風景只是奢侈，連人際關係都放棄了，
只能望著前方的目標衝刺。
這樣至少能達成什麼吧。

這真的是我想要的人生嗎？
到底要做到怎樣，我才能實現我想要的呢？

最後一定是Happy Ending

對未來感到的不安和煩惱，
在這些情緒包圍下，

有好多夜晚，對我來說
都是無法入睡的驚悚時刻。

即使是伸手不見五指的黑暗，
最終也會有光明降臨。
最後會是 Happy Ending 的，
我用帶著希望的自言自語哄自己入睡。

真的好不容易才能
將我送進非現實的夢裡。

堅強的意志

我追求的自己，
是價值觀清晰，無所畏懼的人。
即使並非所有人都喜歡我，我也不要被他人的視線束縛，失去自由。
所以偶爾有人會跟我說：「你好像都不在意他人的眼光。」
但是那些舉動，其實也隱藏著
我在意他人的視線，我對那些視線的反抗。

隨著年紀漸長，我也不得不
將自己變成這個社會要求的樣子。
其中還附加了想討好所有人的野心，
我開始注意四周的視線，在意他們的眼光，
而我所追求的樣子也漸漸消失。

於是我再次下定決心，
絕對不要為了博取與我無關的人的好感，
而失去我的自由。

我是怎麼走過來的？

如果有人問我人生中瘋狂努力的時候是何時，
就是考完大考，準備美術術科的時候了。
因為大考考砸了，連想去的大學都無法申請，
所以無論如何都想靠術科考試來挽回。
這時候的我心裡想的不是「其他人有多努力，他們都怎麼準備」，
而是「全力以赴，盡力而為」，
一手抓著御飯糰，一邊畫畫。
雖然手指抹粉彩抹到好像要把指紋磨掉而出血，
但是我卻不怎麼感覺到痛。
最後皇天不負苦心人，我考上想去的大學。
這一刻我第一次感受到成就感。
至今我仍會拿那時的自己和現在的自己比較，
為什麼不像那時候一樣努力？為什麼總是想敷衍了事？

我的心每天每天都在改變。
雖然昨天的我覺得我已經累了，乾脆放棄，
但是今天的我又想再努力看看。
好想再次感受到成就感。

我想做的時機

我有個很荒謬又怪誕的習慣，
就是一定要等待「時機」。

因為隨隨便便、不管怎樣都有結果。
我會給自己找藉口，
即使明明可以挑戰自己的極限，
卻總是自我妥協，待在自己的舒適圈。

如果想讓「真的很想做」的時機常來，
就需要最後期限。
我心裡的最後期限。

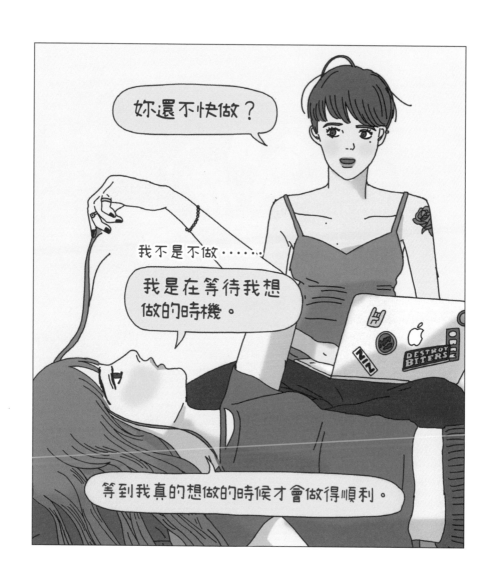

你一定不懂

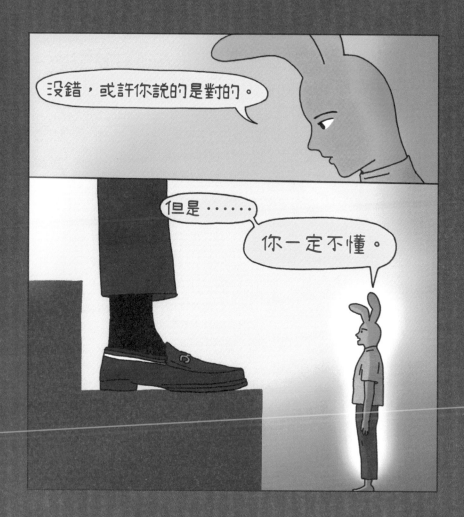

全盛時期

每當我自信心跌到谷底時，
都會依賴一句話：
「任何人只要在一個領域持續做十年以上就會成為匠人。」

當我滿足不了自己，
或得到不好的評價時，
就會數日子，
「因為要做到十年，我還剩下幾年⋯⋯」

到那時候我一定也能做好，
現在還早呢。

還早得很，
我的全盛時期
還沒來。

失敗後再挑戰的勇氣

「有志者事竟成」是句幹話，
反正做了也不可能成功。
一直以來不都那樣……

把我的心和腦袋都掏出來洗一洗吧。
它們因為接連的失敗，
都變成負面預言家了。

然後重新看看這個世界。
哪個人成功前沒有經歷過失敗呢？
失敗最終會成為我人生中最珍貴的過程。

不要害怕，
永不畏懼！

因為不管再怎麼難熬，
人都沒那麼容易死。

想對媽媽說的話

最期待我考上的消息，
最期待我能成功的人。

或許我這麼努力走來，
就是為了這一刻也說不定。

☆

你最想對媽媽說什麼呢？

~~~~~~

~~~~~~

~~~~~~

還沒結束

當達成某件事時，成就感也只是暫時，
等到下個階段，我就會發現自己的極限，對自己感到失望。

其他人以及包含我自己在內，對自己的要求太多了。
現在才好不容易能爬，就期待自己能走，
一開始走路，就期待自己能跑。
明明正在全力衝刺，卻被責怪太慢。
當我環顧四周，不只是我，所有的人都在跑。

也有人一出生就在飛。
這些人說：
「在上面看到的風景太棒了。
別放棄，你也能飛！」

所以我夢見自己在跑，
我還年輕，決定跑到底試試。
即使跑一跑跌倒，狠狠摔一跤……

誰猜得到呢？

努力不懈的人
必定有福。

我一定會有福氣的。

只要誠心誠意

不上不下的才能就像詛咒般令人難受。
雖然開始這條路，是因為美術是我最擅長的事，
但是如果問我：「比你厲害的人多，還是比你差的人多呢？」
我應該會回答，比我厲害的人多。

有一陣子我覺得很茫然，所以沒有畫畫，
我的手就開始僵硬了起來。
在休息好長一段時間後，第一堂插畫課上，
我聽著流行音樂，老師叫我們用文字或圖畫來表達自己的想法，
於是我不帶任何期待地恣意揮灑。
雖然線條看起來僵硬，但是這些線條反映著我。
現在的我就是如此僵硬、悲傷。

當我不計較圖畫得好不好之後，
我便開始畫個痛快，於是創作出屬於我自己的色彩。
雖然並不出色，但是只要誠心誠意，就能感動任何人。
我決定把我的真心灌注在其中。
即使不是最美的圖，但只要飽含真心，就有人能理解吧？

像珍珠一樣

等待

想像是我的力量。
想像總是在我等待什麼、期待什麼的時候到來。
等待他的聯絡，想像和他見面時的美麗瞬間。
等待渴望達成的期盼，想像自己成長的樣子。

想像會擁抱希望來到我身邊，
希望會對我投以閃閃發光的眼神。

我會帶著閃閃發光的眼神等待，
期待未來更美好的日子。

真的很想要的話

你有真的真的很想要的東西嗎？
那麼就把你的欲望變得更大、再更大。
「全世界最想要這個的人就是我！」
像這句話般堅定。

那麼總有一天會如你所願。
我真的這麼相信。
我們一起真的真的
強烈釋出我們的渴望吧！

☆

你有真的真的很想要的東西嗎？

~~~~~~

~~~~~~

~~~~~~

總之做就對了！

小時候我曾在游泳池抽筋溺水，
讓我產生陰影，一輩子不敢游泳。
可是在別人的強力推薦下，我卻半強迫地開始學游泳。
同樣是基礎班的同學都一個個漂浮在水上，
只有我身體浮不起來，跟不上進度。
有一天老師帶了可作為我救命繩的輔具來，
雖然一開始稍稍浮了起來，但沒多久又咕嚕嚕沉下去，不斷反覆。
但是不知道從什麼時候開始，我已經可以漂浮，
讓我開心到說不出話。

對別人來說或許理所當然，卻是我特別又珍貴的經驗。
我還以為這輩子我都做不到，
沒想到抱著挑戰看看的心情，最後卻成功了。
這個經驗讓我重拾信心，
讓我未來想帶著信念挑戰更多事
我相信不是我做不到，而是我還沒去做。

總之做就對了！

死不了

只要想到死亡就在身邊，
再煩惱的事也會變小。
搞不好明天馬上就要死了，
要是都在煩惱不就太可惜了嗎？
所以我們要好好過每一天，
享受充滿祝福的日子。

這樣一來即使渺小也會心存感謝，
為理所當然的事感到幸福。
直到我們死去之前，
都能如自由翱翔天空般地生活。

任何事全力以赴，盡力而為，
能留多少痕跡就留下多少痕跡。
那麼我們就能永生不死，
因為別人會記得。

後記

我喜歡媽媽笑

我喜歡被稱讚

我喜歡被老師稱讚

喜歡被別人疼愛

現在我已經不是最聰明的，

也不是最可愛的，

也不被稱讚了。

我帶弟弟去醫院，要好好看家喔～

安　靜

…

我為什麼要活著？

為什麼要努力啊……

大家都這樣啊……

因為要和其他人一樣……有一口飯吃啊。

光這個理由無法讓我提起勁來。

夢想，沒錯。

DREAM come true

我要有夢想，充滿熱情地活著！

可是那樣不是更累嗎？

我要為了夢想而活！

美術大學

藝術家什麼的都是空談，
畢業能養活自己就偷笑了。

有多少人畢業
還能靠這個吃飯？

那我在這裡幹麼……

團體心理諮詢

來～大家閉上眼
睛，回到小時候
最初的記憶。

我自己一個人在看
行走的螞蟻。

那時候你的感覺如何？

不知道吧。

大家覺得那個小孩看起來怎麼樣？

看起來好孤單。

感覺應該要
去陪陪他。

有人說我很孤單。

可是我反而覺得那樣很平靜。

最孤單的時候，反而一點也不孤單。

嗯，你的確是那樣。

孤單這個詞真的挺適合你的。

之後我遇到一位和我

唉？

心有靈犀的朋友。

我們徹夜暢聊彼此存在的意義和對生活的倦怠。

神奇的是，即使話題如此憂鬱，我們卻沒有變得更黑暗，

反而心上的洞被癒合，

唉？

讓人感到有種卸下重擔的感覺。

那一刻我領悟到那就是我人生的意義之一。

不是社會上體面的樣子，

而是當我將隱藏起來的真我，

展露無遺的時候，

能夠被對方理解，

我也能從中得到安慰。

沒錯，是愛，

我想要這樣的愛。

或許我就為了和跟我如此相像的你相愛，

才活到現在也說不定。

但是我們靠得太近、太像了，

就像闖入禁區般，最後受到懲罰，

你像碎片般消失，

我們就此形同陌路。

究竟我為什麼而生？

到底為什麼而活？

為了被稱讚，

為了被肯定，

為了夢想，

為了與人相愛，

為了與人相愛，

而看他人臉色，

與人競爭，

自我責怪，

經歷離別。

你是自己的夢想,你是自己的愛情。

我喜歡自己

雖然顧慮他人，卻懂得照顧他人的樣子。

喜歡自己因比較而受傷，

卻堅持走在自己的道路上。

喜歡自己

愛鞭策自己，又從中成長。

很好。

我喜歡自己為生活而努力。

我很驕傲，

以有人生目標的自己為傲。

謝謝你來到這個世界，
謝謝你生病還是努力好起來，
謝謝你一路撐下來，謝謝你活下來。

無論你我，
光是存在就值得喝采。

謝謝你的存在。

致 每一刻的你

K原創 014

謝謝你的存在

作　　者｜林裕珍
譯　　者｜曾晏詩

出　版　者｜大田出版有限公司
　　　　　　台北市一〇四四五中山北路二段二十六巷二號二樓
編輯部專線｜(02) 2562-1383　傳真：(02) 2581-8761
E-ma i l｜titan@morningstar.com.tw　http://www.titan3.com.tw

總　　編　　輯｜莊培園
副　總　編　輯｜蔡鳳儀
行　銷　編　輯｜陳映璇／黃凱玉
行　政　編　輯｜林珈羽
校　　　　　對｜黃薇霓／黃素芬
內　頁　美　術｜陳柔含

初　　　　刷｜二〇二一年八月十二日　定價：四五〇元

網　路　書　店｜http://www.morningstar.com.tw（晨星網路書店）
　　　　　　　TEL：04-23595819 FAX：04-23595493
購　書　Email｜service@morningstar.com.tw
郵　政　劃　撥｜15060393（知己圖書股份有限公司）
印　　　　刷｜上好印刷股份有限公司
國　際　書　碼｜978-986-179-672-7　CIP：177.2/110010089

① 填回函雙重禮
① 立即送購書優惠券
② 抽獎小禮物

國家圖書館出版品預行編目資料

謝謝你的存在／林裕珍著．；曾晏詩譯．
　——初版——臺北市：大田，2021.08
面；公分．——（K原創；014）

ISBN 978-986-179-672-7（平裝）

177.2　　　　　　　　　　　　　　110010089